Todos los libros de Linkgua Ediciones cuentan con modelos de Inteligencia Artificial entrenados por hispanistas. Pregúntale al chat de tu libro lo que desees acerca de la obra o su autor/a.

Para ebooks: Accede a nuestro modelo de IA a través de este enlace.

Para libros impresos: Escanea el código QR de la portada con tu dispositivo móvil.

Obtén análisis detallados de nuestros libros, resúmenes, respuestas a tus preguntas y accede a nuestras ediciones críticas generativas para una experiencia de lectura más enriquecedora.
La transparencia y el respeto hacia la autoría de las fuentes utilizadas son distintivos básicos de nuestro proyecto. Por ello, las respuestas ofrecen, mediante un sistema de citas, las fuentes con las que han sido elaboradas.

Francisco Ortega

México libre

Edición de Héctor Azar

Barcelona 2024
Linkgua-ediciones.com

Créditos

Título original: México libre.

© 2024, Red ediciones S.L.

e-mail: info@linkgua.com

Diseño de cubierta: Michel Mallard.

ISBN rústica: 978-84-96290-10-5.
ISBN ebook: 978-84-9897-789-9.

Cualquier forma de reproducción, distribución, comunicación pública o transformación de esta obra solo puede ser realizada con la autorización de sus titulares, salvo excepción prevista por la ley. Diríjase a CEDRO (Centro Español de Derechos Reprográficos, www.cedro.org) si necesita fotocopiar, escanear o hacer copias digitales de algún fragmento de esta obra.

Sumario

Créditos	4
Brevísima presentación	7
La vida	7
La obra	7
Exergo	9
Personajes	10
Escena I	11
Escena II	17
Escena III	23
Escena IV	27
Escena última	41
Libros a la carta	47

Brevísima presentación

La vida

Se sabe que formó parte de la sociedad literaria «La Arcadia», fundada en 1808 por José Mariano Rodríguez del Castillo. Escribió además poemas sacros y se interesó por la poesía clásica latina.

La obra

El siglo XIX mexicano estuvo marcado por la Guerra de independencia, la invasión estadounidense, la intervención francesa, la Reforma y el porfiriato. Las tendencias políticas de México durante la primera mitad de dicho siglo tuvieron sus filiaciones literarias; los liberales eran románticos, mientras que los conservadores adoptaron posturas neoclásicas. Francisco Ortega, identificado con el independentismo, fue uno de los primeros autores románticos de México y América. México libre es un texto alegórico, cuyos personajes son encarnaciones de las pulsiones políticas del México decimonónico.

Exergo

No hay un poder bastante
a subyugar a un pueblo que ha jurado
su unión y libertad, y las defiende
de justicia, valor y acero armado.
Escena última

Personajes

América
Coro de mexicanos
El Despotismo
El Fanatismo
La Discordia
La Ignorancia
La Libertad
Marte
Mercurio
Palas

Escena I

(América, Coro.)

Coro

Nuestro clamor atiende;
apresura tu vuelo,
hija del almo cielo,
divina Libertad.

América

Suspended vuestro ruego,
y convertidlo en gozo y en sosiego.
Jamás a vuestros padres ha alumbrado
más bello y claro día
que el que Anáhuac hasta ora infortunado
mira rayar con plácida alegría.
La Libertad preciosa,
del alto trono que le alzó el ibero
en la orilla feliz del Manzanares,
ha de venir con ala presurosa
a visitar también vuestros hogares.
Estas cadenas duras
ha de romper su poderoso brazo,
dando fin a mis crueles desventuras.
Haced, oh mexicanos, que no llegue
a alejarse jamás de mi regazo.

Coro

Tus leyes nos dicta,
oh, patria querida,
y aun la dulce vida
daremos por ti.
Sufrir ya no es dado

América

de esclavos el trato,
y nos es más grato
mil veces morir.
Esa constancia noble y generosa
que nunca ha desmentido
en dos lustros que cuenta
el mexicano audaz de cruda guerra:
ese sagrado fuego
que el patriotismo derramó en su pecho,
y que a pesar de la contraria suerte
en los rudos combates lo ha animado
a arrostrar los peligros y la muerte,
alientan mi esperanza y mi consuelo,
y harán mi dicha cierta con la ayuda
que benigno me ofrece el justo cielo.
Tres siglos su decreto irrevocable
a la coyunda mi cerviz ligara
de la Europa feliz, que protegida
de Palas y de Marte,
dos númenes excelsos y potentes,
vio su poder del orbe respetado
y a mis pueblos sencillos e inocentes
sucumbir a su yugo detestado;
pues aquella nación impone leyes
y humilla altivos reyes
que a los afanes de la guerra dura
sabe hermanar la ciencia y la cultura.
El tiempo que girando
en su incansable rápida carrera,
ya el poder macedonio derribando
con su guadaña cruda,
ya hollando la altivez de Roma fiera,
la faz del orbe muda

quiso que esas benéficas deidades,
inspirando al sencillo americano
a par del culto y bélico europeo,
viniesen a fijar nuevas edades
en la historia del mundo,
tornando de Colón el vasto imperio
a aquel antiguo estado de ventura
en que lo puso próvida natura
y perdió en doloroso cautiverio.
De Washington y Franklin los primeros
esfuerzos coronar al cielo plugo
para vengar del septentrión los fueros
y osados sacudir el anglo yugo.
El hijo de Atahualpa y Moctezuma,
y el hijo de Cortés y de Pizarro
sienten después el divinal influjo
de libertad ardiendo en fuego vivo;
y a par que el mundo al español bizarro
atónito miraba
como del galo altivo
humillaba los ínclitos pendones,
yo gozosa llenaba
de puras bendiciones
a Hidalgo, a Matamoros y a Morelos,
que en heroicos afanes y desvelos,
de la nación hispana
no ya hija servil me proclamaban
sino amiga y hermana.
¡Honor, honor eterno
a su memoria cual la miel sabrosa!
La cruel Discordia, el Fanatismo ciego
y otras furias salidas del averno

cortaron su carrera majestuosa;
pero del patriotismo el santo fuego
por ellos derramado
do quiera discurría,
y de su tumba helada se extendía
de Arauco hasta el confín jamás domado.
La generosa Cádiz entretanto
sobrecogióse de terror y espanto
y sus excelsos muros retemblaron,
al acercarse en ominoso carro
la infanda tiranía,
que con cetro de hierro dirigía
las numerosas huestes que previno
para oprimirme más, doquier llevando
muerte y esclavitud, y que la suerte
empleó propicia en el feliz destino
de terminar mi esclavitud y muerte.
A Quiroga guerrero
concede el justo cielo la alta gloria
de derrocar con brazo poderoso
al Despotismo fiero;
y a su clamor de libertad divino,
respondió libertad el fuerte ibero,
libertad el latino,
libertad el valiente lusitano,
y libertad en fin el mundo entero.
Las sombras de las víctimas ilustres
que fueron en mis aras inmoladas,
libertad, libertad, clamando errantes,
alientan a los bravos mexicanos;
y encendido su pecho generoso,
libertad, libertad, unidos claman;

y tanto los devora el patrio celo,
que como estrellas cuenta el ancho cielo,
y como el mar arenas,
a limar así vuelan mis cadenas:
y uniéndose a los fieros escuadrones
que un tirano poder jamás domara,
restos preciosos de la lid terrible
que el héroe de Dolores provocara,
forman nuevas legiones,
que bajo de caudillos inmortales
libertad, libertad, gritan ufanas,
al escuchar las voces soberanas
que Palas con sus labios divinales
y el genio de la guerra sanguinoso
que a mis hados preside,
dictaron en Iguala al ardoroso,
al inmortal, al ínclito Iturbide.
Enfrenó su valor al Despotismo;
acalló su prudencia los partidos
hijos del inflamado patriotismo,
que ciegos iban a rasgar mi seno;
y dio fin a mis llantos y gemidos.

Escena II

(Dichos, Palas y Marte.)

Palas y Marte	Yo te salvo con mano propicia; yo quebranto tus duras cadenas: yo doy fin a tus míseras penas; por mí gozas feliz libertad.
Marte	A mí debes, América dichosa, tanta felicidad: a mí que vine a sacudir el sueño en que yacía la mexicana tierra con el trueno espantoso de la guerra.
Palas	Son mucho más antiguos los favores que yo te he dispensado; pues cuando Marte vino, y tremoló sus hórridos pendones ya tus hijos oían llenos de ansia mis útiles lecciones.
Marte	Aunque a Palas primero conociste, y alumna suya fuiste mucho antes que guerrera, faltando mi asistencia son vanos los tesoros que guarda ocultos la profunda ciencia.
Palas	Cuando mi luz desprecia desdeñoso el soldado

Marte	se ve de la victoria abandonado; pues solo la consigue el que ansioso me busca y fiel me sigue. Si a la pluma el cañón no responde, es sin fruto el trabajo del sabio; y por mucho que esfuerce su labio, no hay quien ose a su voz responder.
Palas	Si al cañón no responde la pluma, suda el héroe, trabaja y se afana; y por una victoria que gana mil alcanza del sabio la voz.
Marte	Solo llega a triunfar la justicia con la ayuda del bravo guerrero, que esgrimiendo en la lid el acero pone freno a un tirano poder.
Palas	Nunca pudo escuchar un tirano de Minerva los claros acentos, sin probar angustiosos tormentos, sin llenarse de espanto y horror.
Marte	De las ciencias la luz no refleja en los ojos del déspota erguido, si del brillo a la par no es herido con que luce el escudo y arnés.
Palas	Es la guerra una plaga que al mundo en sus iras los dioses envían, si el consejo y prudencia no guían

       y moderan el bélico ardor.

Palas y Marte Yo te salvo con mano propicia:
       yo quebranto tus duras cadenas:
       yo doy fin a tus míseras penas;
       por mí gozas feliz libertad.
América   Cese vuestra contienda generosa.
       Son tantos los favores que hoy recibo
       con tu luz alumbrada, oh sabia Palas,
       y de ti protegida, oh fiero Marte,
       que decidir será muy ardua cosa
       quién en mi dicha tiene mayor parte.
       Guerreros son briosos
       Bustamante, Negrete, Filisola,
       Guerrero, Bravo, Quintanar, Herrera,
       y otros grandes caudillos
       cuya memoria sola
       es largo recordar; y aunque en lid fiera
       para vengar mis fueros han entrado
       con firme pecho y con sereno aliento,
       y de lauro su sien han coronado,
       también al dulce acento
       de la razón han fiado
       mil veces el honor del vencimiento.
       Todos siguen las huellas a porfía
       del adalid proclamador primero
       de la divina triple garantía:
       y en este gran guerrero
       nadie podrá decir lo que más brilla,
       si el belicoso ardor del crudo Aquiles,
       si del anciano Néstor la experiencia,

	o del divino Ulises la prudencia.
Marte	Ya que tus labios la virtud pregonan del grande campeón...
Palas	...Ya que has mentado las glorias de Iturbide...
Palas y Marte	Oye con atención: después decide.
Marte	Como arbolillo que el hortelano desde temprano sabe regar: tal Iturbide por mí guiado, fue acostumbrado al rudo afán.
Palas	Como la rosa desplega flores, y esparce olores en el abril: su alma sublime tal he adornado, tal la he llenado de dones mil.
Marte	Mi escudo y lanza le di en campaña, le di mi saña, mi intrepidez.

| | Ceñí de lauro
| | su invicta frente,
| | del rayo ardiente
| | su diestra armé.

Palas   Hícelo astuto,
                prudente y sabio,
                puse en su labio
                la persuasión;
                y si a su brazo
                no hay quien resista,
                también conquista
                su dulce voz.

Palas y Marte   Yo te salvo con mano propicia:
                yo quebranto tus duras cadenas;
                yo doy fin a tus míseras penas;
                por mí gozas feliz libertad.

Escena III

(Dichos y Mercurio.)

Mercurio
: Bastante habéis, ¡oh, númenes excelsos!,
vuestra noble contienda sostenido.
Yo nuncio de la paz, yo mensajero
de las supremas órdenes de Jove,
del Olimpo he venido,
y en su nombre os conjuro
a no agitar ya más la competencia.

Marte
: ¿Y podré yo del premio estar seguro?

Palas
: ¿No debo esperar yo la preeminencia?

Mercurio
: Júpiter deja el fallo suspendido.

Marte
: A él pronunciarlo toca.

Palas
: Dime, ¿por qué, oh Mercurio,
guarda silencio su divina boca?

Mercurio
: Otra en su vez os hablará muy pronto.
Entre tanto, sabed lo que dispone
de los augustos dioses la asamblea.
Congregada en aqueste fausto día
en que Anáhuac feliz mira el sagrado
pendón de libertad enarbolado,
quiere colmar el gozo y la ventura
del antes oprimido mexicano.

Ese soberbio alcázar, esa oscura
y funesta mansión, do han habitado
la atroz Discordia, el Fanatismo insano,
la Ignorancia y el duro Despotismo,
en templo bello, alegre y luminoso
veráse transformado,
do fijará la Libertad divina,
la amable Libertad, su trono hermoso.
La indecisa sentencia
aguardad de sus labios divinales,
pues así lo ha ordenado
el padre de los dioses inmortales.
Y tú, pueblo dichoso, en este día
gózate en la más plácida alegría;
acabaron tus penas y tus males.

Marte

Un juez mejor tocarnos no podía:
es la victoria mía.

Palas

Mi triunfo será cierto.

Marte

Jamás se vio que una nación opresa,
sin ser audaz, su libertad consiga.

Palas

Si no están de concierto
las luces y el valor, se cansa en vano
el pueblo que pretende
transformarse de esclavo en soberano.

Marte

¡Libertad celestial, oh, qué penosos
me son de tu tardanza los momentos!

Palas   Todos oír deseamos anhelosos
                            de tu boca los plácidos acentos.

Marte, Palas y Coro Nuestro clamor atiende,
                            apresura tu vuelo,
                            hija del almo cielo,
                            divina libertad.

                            Fin

Escena IV

(Dichos y la Libertad, que al mudarse la escena en un hermoso y magnífico templo, aparece sentada en un bello y elevado trono. En derredor de él hay varios genios alados con ramos de oliva, flores, espigas, balanzas, libros y otros símbolos que representan a la paz, abundancia, justicia, ciencias, artes y demás bienes que trae consigo la Libertad. El Despotismo, la Discordia, la Ignorancia y el Fanatismo (aunque no visibles al coro) se dejan ver formando un grupo en actitud de sorpresa y espanto.)

Marte	Ya nos muestra su rostro halagüeño:
Palas	Ya presenta su faz pura y bella;
Los dos	A ella corro, voy tímido a ella a implorar su divino favor.
América	Y yo también lo imploro, ¡oh, Libertad, de mí tan suspirada! ¿Conque es cierto que el cielo permite que te mire ya ensalzada en mi felice y opulento suelo? Reina por siempre en él, vive adorada; y, nunca llegue el día sin ventura en que de nuevo sienta de tu ausencia el pasado rigor y la amargura.

Libertad	Sí, reinaré, y conmigo

(Bajando del trono y dirigiéndose a la América.)

	reinarás juntamente,
	reinaré para ti, para ti sola:
	reinaré, y en tus hijos
	el bien derramaré liberalmente:
	y reinaré de modo
	que con mi protección y beneficios
	jamás llegue a pesarles
	haber hecho por mí tan singulares,
	tan grandes, tan costosos sacrificios.

América	Su afán, su ansia por ti se ha redoblado,
	mientras la fama más ha pregonado
	la dicha placentera
	que contigo alcanzó la gente ibera.

Libertad	Ningún pueblo mayor la ha disfrutado;
	y como hasta ora una familia sola
	formaron el ibero y el indiano,
	mi obra fuera incompleta si negara
	el don del padre al hijo, y si dichoso
	no hiciera al uno a par que al otro her-
	mano.
	Deshecho el fuerte nudo
	que hasta aquí los ligara,
	¿cómo labrar su bien y su ventura?
	Ni ¿qué esfuerzo jamás contrastar pudo
	las leyes de natura,
	que separó del uno al otro mundo

                con el gran valladar del mar profundo?
                ¡Cuántas veces mis genios encargados
                de llevar mis benéficos decretos
                llegaron a tus playas fatigados
                de surcar tan inmensa travesía:
                y apagada la férvida energía
                que yo les comunico al ordenarles
                su pronta ejecución, quedaron vanos
                para los apartados mexicanos!
                Ora no será así; ya estoy contigo:
                juntas las dos en lazo eterno, amigo,
                de reparar sus cuitas curaremos:
                sellaremos su suerte venturosa:
                prontas donde nos llame acudiremos
                su bien y su salud; y hasta la odiosa
                memoria de sus males borraremos.

América   ¡Qué placer inefable!

Libertad   No es inferior al tuyo el que yo siento;
                ven a mi seno amable

(Dirigiéndose a la América y abrazándola.)

                y me será mas grato este momento.

Mercurio   Vuestros ardientes votos se han cumplido,
                hijos de Anáhuac. Ved en dulce lazo
                la Libertad y América estrechadas:
                ved cual se dan el suspirado abrazo.
                De ese alcázar, morada tenebrosa
                del Despotismo atroz, huyó el misterio

           que encubría tiránicos decretos,
           y solo de la ley al dulce imperio
           en adelante viviréis sujetos.
           ¿Qué os detiene aquí fuera?
           Entrad: la bella Diosa que os visita
           el artificio y la reserva oscura
           desconoce, y a todos se presenta
           como la luz del Sol diáfana y pura.

Coro (Acercándose a la Libertad y deteniéndose al ver al Despotismo, y Discordia.)
           Descended, monstruos odiosos,
           del abismo al hondo seno:
           no turbéis un día lleno
           de pura gloria y placer.

Libertad
           Al Orco tenebroso, oh mexicanos,
           hubieran ya bajado
           los maléficos genios que os irritan,
           pues así como a mí jamás fue dado
           habitar en unión de esos tiranos,
           tampoco ellos jamás conmigo habitan.
           Ora los veis aquí, porque conviene
           que escuchéis de su mismo labio impuro
           cuál ha sido con vos su yugo duro,
           y el vil destino que cada uno tiene.
           Así sabréis mejor en lo futuro
           de los lazos fatales,
           que os tenderán astutos, libertaros:
           conoceréis también de cuántos males
           os vengo a redimir: cuánta es la dicha
           de que vengo a colmaros:

y viendo cuáles fueron los caminos
por donde me ha guiado
a México del cielo la clemencia
será claro a qué parte
me deberé inclinar en la sentencia
que hoy esperan de mí Palas y Marte.

Despotismo   Satisfecha pareces con tu triunfo:
mas para mí tu orgullo es despreciable,
no siendo con el mío comparable.
Ni pienses que me abates
con obligarme a referir mi historia;
lejos de eso se aplace mi memoria
al recordar los males que he causado.
Mas, ¿qué diré de mí que no se sepa?
Este cetro de hierro
que en ningún tiempo dejo de la mano:
mi elevada estatura;
mi cuello siempre erguido,
descubren bien al Despotismo insano.
Mi gloria ocupa la extensión del mundo:
pues no hay nación alguna
que a mi yugo no se haya sujetado,
y en que no me hayan tímidos los hombres
muchas aras y templos levantado,
y ofrecídome víctimas sin cuento.
Mi inmenso poderío
se desplegó en América y España,
y si otra vez estuvo vacilante,
volvió luego a rehacerse con más brío;
y aun hasta hoy se vería respetado
si débiles no hubieran desmayado

en las altas empresas
  que yo les confiara
  estos que veis aquí ministros míos,
  y si Quiroga allá y acá Iturbide
  no hicieran que por fin se desplomara.

Ignorancia ¿Así pagas, ingrato, los afanes
  que emprendiera por ti? ¿Así te olvidas
  de quién he sido yo? ¡Ministro tuyo
  me llamas simplemente!
  Llamarme deberías
  tu cara protectora,
  tu amiga fiel, tu madre... en fin, tu todo.
  ¿Di, pérfido, sin mí lo que serías?
  ¿Cómo tranquilo hubieras afianzado
  el cetro y la corona,
  si yo te hubiera alguna vez faltado?
  Antes que fueras tú, ya yo existía,
  y los ojos del hombre
  con mi venda fatal cubierto había;
  no pudiendo ver, ciego,
  que tú nacías de las sombras densas
  que afanosa doquier yo derramaba.
  Crecías, y apartarlo procuraba
  de aquella luz eterna, indeficiente,
  con que natura siempre le señala
  el camino seguro
  que lo guía a ser libre, independiente.
  Eras adulto ya, y persuadía
  a los pueblos enteros
  a que nacido habían para el yugo
  y el capricho cruel de un hombre solo.

En fin, cuando estuviste ya en estado
de dominar al mundo
les pinté como un negro, horrendo crimen
el querer atentar contra un tirano
bajo del cual en servidumbre gimen,
mi seducción llevando a tanto grado,
que esta máxima impía
en la tierra ya estúpida corría
como dogma del cielo revelado.
Todo esto has olvidado;
y aun adelante pasa tu arrogancia.
¡Yo desmayar, yo sucumbir, yo débil!
Jamás ha desmayado la Ignorancia.
Di que tú has desmayado,
y que temiendo ver a los agentes
de tu poder atroz víctimas tristes
de un pueblo fiero, que morir juraba
o libre ser, impune lo dejaste,
sin ver que más audaz así te hollaba.
O di más bien que la orden inmutable
del destino implacable
fijó en este hemisferio
la caída ruidosa de tu imperio.
La misma he sido en México, la misma
que en el Japón, en China y en Turquía:
y en aquesas regiones,
¿he desmayado acaso?,
¿no tengo yo tan ciegos e ignorantes
a sus innumerables habitantes
como ora doce siglos los tenía?
No, pues, a mí atribuyas un fracaso
que se debe imputar, sino a los hados,

a tu debilidad y cobardía.

Despotismo　Como siempre atrevida,
siempre insultante y presuntuosa fuiste,
no extraño que pretendas
de mi honor coronarte y de mi gloria.

Ignorancia　Lo poco que mi labio ha referido
es un rasgo pequeño de mi historia.
Para formar de mí más justa idea,
habla tú, oh Fanatismo,
tú que con saña ardiente
me has ayudado en todo diligente,
tú que me has emulado en heroísmo,
tú cuyo nombre inmenso
por el mar y la tierra se extendía,
y aun pretendió igualar la fama mía.

Fanatismo　Y la llegó a exceder; pues mis empresas,
si no pasan en número a las tuyas,
han sido más ruidosas, más brillantes.
Yo pasé por un dios del cielo enviado:
supe mudar mil formas y semblantes,
y tomar a mi grado
de esta virtud o aquélla el sacro velo.
Insaciable de sangre,
excito entre los hombres la venganza,
que so color de un puro, ardiente celo
por el numen eterno a quien adoran,
su pecho inflama, cunde por sus venas,
se persiguen, se odian, se devoran,
y presentan de muerte mil escenas.

El ministro de paz por mí respira
enojos y rencores
contra tal inocente
que del cielo fingí ser enemigo:
y creyendo aplacar su justa ira,
cruel lo arrastra a infamador tormento,
do su mortal angustia y pena mira
pacífico testigo,
y de allí luego con furor sangriento
también lo arrastra a la flamante pira.
El tierno y dulce amigo,
el candoroso hermano,
la esposa idolatrada, el padre anciano,
oyen mi fiera voz que los incita
a vindicar la cólera divina,
y a delación horrenda los inclina.
En vano de natura los acentos
su compasión y su piedad reclaman;
en vano al delator infame llaman:
héroe le llamo yo; mi clamor triunfa;
de sacro aliento y de rencor se llenan;
y hollando al mismo venerado numen
que delirantes a placer presumen,
al hermano, al amigo, hijo y esposo
a luto y llanto y proscripción condenan
y a eterno sacrificio,
y yo acepto las víctimas propicio.
¡Qué vana es su esperanza, qué engañosa,
si su inocencia les ofrece acaso
ver de consuelo y salvación el día!
Si a alguna el vilipendio,
las llamas o el cuchillo han perdonado,

no osará publicar que ha libertado
de mis iras tremendas:
la sumirá mi brazo en hondo olvido,
do no volverá a ver las que engañado
amó en su corazón cual caras prendas;
ni tampoco verá del Sol radiante
las luces celestiales:
solo verá mi sombra amenazante
al pálido fulgor que escaso alumbra
allá en mis calabozos funerales.
Tal era la mansión que destinaba
mi furor implacable
al mérito acendrado, al heroísmo,
y que por mí inspirado respetaba
el pueblo como santa y venerable.
En ella de tu mano, oh Despotismo,
acepté grato la mayor ofrenda
que México en mis aras vio inmolada:
en Morelos allí se vio humillada
la Libertad que hoy se alza triunfadora:
allí del gran varón el patrio celo,
que hoy cual virtud el entusiasmo adora,
pareció con el negro horrendo velo
del crimen eternal con que se insulta
a la augusta deidad que rige al cielo;
y allí a irrisión, a burla y a desprecio
por último entregó mi brazo fuerte,
mientras infame muerte
el tuyo siempre atroz le prevenía,
al que estatuas y lauros merecía.

América   Sella, monstruo implacable,

sella esa boca vil, nefaria, impía.

Libertad   ¿Oísteis, mexicanos, a esas furias?
¿Visteis ya cuán atroz, cuán detestable
cada una es de por sí?, pues todas juntas
menos odiosas son, menos dañinas
que la Discordia fiera,
esa que allí miráis de aspecto horrible,
cuya cabeza siempre está erizada
y de silbantes víboras crinada.
Jamás dejó de su sangrienta mano
la inflamadora tea
con que atizar el odio se recrea
que encendió entre el hermano y el hermano.
De la pantera la indomable saña
y del tigre la bárbara crudeza
en su vil corazón juntas se anidan,
y derrama su lengua mordedora
toda la hiel amarga y el veneno
de serpiente mortífera y traidora.
Si aquí por vuestro mal la desatara,
un corazón no habría
a quien no emponzoñara.
Ella, la impía, fue la que cruzando
el espacio que Anáhuac vasto encierra,
encendió en vuestro pecho el odio infando,
y os envolvió en ardiente y cruda guerra:
y ella el clamor primero
de libertad, que hiciera venturosa
vuestra futura suerte,
confundió maliciosa,

                y lo cambió en clamor de luto y muerte:
                horroroso clamor, que todavía
                hoy en vuestros oídos resonara,
                si el consolante labio de Iturbide
                unión, eterna unión, no proclamara.
                Y ya que al cielo plugo
                que otra vez renaciera en vuestro pecho,
                cuidadosos guardadla,
                guardadla siempre en él, y cual si fuera
                la planta más preciosa cultivadla.

Palas   Esa dichosa unión que el gran caudillo
                supo restablecer, ¿cómo existiera
                si de mi voz no fuera aconsejado?...

Marte   ¿Cómo se mantuviera,
                si mi brazo potente
                lo hubiera alguna vez abandonado?

Despotismo   Ni, ¿cómo yo cayera,
                dioses funestos, por mi mal venidos,
                si no le concedierais vuestra ayuda
                y vuestra inspiración ambos unidos?
                Odiosa Libertad, el triunfo goza
                que el Destino enemigo te concede:
                tremola tu estandarte
                que tantas veces humilló mi planta,
                y que ora hasta los cielos se levanta

al lanzarme, ¡oh dolor! Palas y Marte.

(Se lanza al abismo con la Discordia, el Fanatismo y la Ignorancia.)

Coro   Descended, monstruos odiosos,
                      del abismo al hondo seno:
                      no turbéis un día lleno
                      de pura gloria y placer.

Escena última

(América, Libertad, Palas, Marte, Mercurio y Coro.)

Libertad Es tiempo ya, deidades inmortales,
de decidir en nuestra lid dudosa.
En la empresa dichosa
vuestro favor y ayuda han sido iguales.
Gozad, pues, a la par de la victoria,
y en vos ceda igualmente
todo el honor, la gratitud, la gloria.
¿Qué sería de Anáhuac, combatido
de contrarias facciones,
si de entrambos no hubiera recibido
consejo sabio y protección segura?
¿Cómo el gran campeón que fue educado
en la escuela de Marte horrenda y dura,
la saña ardiente hubiera refrenado,
y los opuestos bandos conciliado,
si Palas en tan áspero camino
no le alumbrara con su antorcha pura?
Huracanes y nubes tempestuosas
doquier cruzando por el ancho cielo
Tenochtitlan veía,
temiendo que asomara el triste día
de nueva perdición y desconsuelo.
Pero el héroe de Iguala
sagaz disipa la minaz tormenta;
y con vuestra asistencia
es conducido hasta la excelsa cumbre
que americana planta nunca hollara:

        y no habrá lengua, aunque de loor avara,
        que de alma gratitud no exclame llena:
        «De la prudencia y del valor guiado
        a México Iturbide ha libertado.»

Palas   Llega a naufragar la nave
        entre el ábrego y el noto,
        si no la sabe el piloto
        animoso dirigir.
        Y aunque el aliento le sobre,
        si es bisoño e inexperto,
        se verá cerca del puerto
        al abismo sumergir.
        Digna es, oh Libertad, de tu divino
        labio la decisión, y no sería,
        como es, tan grato mi placer, si Marte
        no gozara a la par la gloria mía.

Marte   De Palas sin la grata compañía,
        jamás hubo victoria
        que fuese para mí satisfactoria.

Libertad   Siempre el cielo concordes os mantenga:
        y no permita nunca que el tirano,
        el Despotismo atroz con dura mano
        a oprimir otra vez a Anáhuac venga.
        Y vosotros, mis caros mexicanos,
        dóciles atended, oídme atentos;
        y escuchad de una amiga verdadera
        un consejo importante y saludable
        que quiere daros por la vez primera.
        Cuando algún jardinero a plantar llega

un árbol bello, cuya sombra amiga
que del Sol lo cubriese le faltaba,
cuidadoso lo riega,
y no omite trabajo ni fatiga
hasta no ver su copa que se extiende
y en la ardiente estación grato lo abriga.
Vosotros de este modo
redoblad el afán y la tarea:
haced que en el confín más apartado
de la azteca región cubrir se vea
la sombra de mis alas protectoras:
afianzad más y más mi nuevo trono;
y siempre vigilantes
cuidad de que otra vez no resucite
de la Discordia el extinguido encono.
Así yo os aseguro
que jamás volveréis al yugo fiero,
ni deberéis temer que os haga frente
por quitarme de vos el mundo entero;
pues no hay poder bastante
a subyugar a un pueblo que ha jurado
su unión y libertad, y las defiende,
de justicia, valor y acero armado.
Y ya que al cielo plugo
que viniera a morar entre vosotros,
entregaos al placer y a la alegría,
celebrando y alzando a las estrellas
los claros nombres de los héroes grandes
por quienes luce tan brillante día.

Coro   ¡Viva el héroe y los caudillos
del ejército valiente:

| | viva, viva eternamente
nuestra amada libertad! |
|---|---|
| Una voz del coro | Venturoso alegre día,
nuestros padres no te vieron;
nuestros padres, que gimieron
bajo del yugo fatal.
Vive, día suspirado,
de placer y de victoria,
vive siempre en la memoria
de la más remota edad. |
| Coro | Viva el héroe... |
| Una voz del coro | Honor sempiterno a Iguala
que escuchó la vez primera
la voz dulce y placentera
que nos supo libertar.
Iguala inmortal resuene
en las costas mexicanas,
en las playas gaditanas,
en la tierra y en el mar. |
| Coro | Viva el héroe... |
| Una voz del coro | Eterna gloria a Iturbide,
a Negrete y Bustamante:
gloria a Guerrero constante,
a Victoria y Quintanar.
Gloria porque nos salvaron;
gloria porque nos unieron;
gloria porque así supieron |

nuestra dicha eternizar.

Coro	¡Viva el héroe y los caudillos
del ejército valiente
viva, viva eternamente
nuestra amada libertad!

Fin

Libros a la carta

A la carta es un servicio especializado para
empresas,
librerías,
bibliotecas,
editoriales
y centros de enseñanza;
y permite confeccionar libros que, por su formato y concepción, sirven a los propósitos más específicos de estas instituciones.

Las empresas nos encargan ediciones personalizadas para marketing editorial o para regalos institucionales. Y los interesados solicitan, a título personal, ediciones antiguas, o no disponibles en el mercado; y las acompañan con notas y comentarios críticos.

Las ediciones tienen como apoyo un libro de estilo con todo tipo de referencias sobre los criterios de tratamiento tipográfico aplicados a nuestros libros que puede ser consultado en Linkgua-ediciones.com.

Linkgua edita por encargo diferentes versiones de una misma obra con distintos tratamientos ortotipográficos (actualizaciones de carácter divulgativo de un clásico, o versiones estrictamente fieles a la edición original de referencia).

Este servicio de ediciones a la carta le permitirá, si usted se dedica a la enseñanza, tener una forma de hacer pública su interpretación de un texto y, sobre una versión digitalizada «base», usted podrá introducir interpretaciones del texto fuente. Es un tópico que los profesores denuncien en clase los desmanes de una edición, o vayan comentando errores de interpretación de un texto y esta es una solución útil a esa necesidad del mundo académico.

Asimismo publicamos de manera sistemática, en un mismo catálogo, tesis doctorales y actas de congresos académicos, que son distribuidas a través de nuestra Web.

El servicio de «libros a la carta» funciona de dos formas.

1. Tenemos un fondo de libros digitalizados que usted puede personalizar en tiradas de al menos cinco ejemplares. Estas personalizaciones pueden ser de todo tipo: añadir notas de clase para uso de un grupo de estudiantes, introducir logos corporativos para uso con fines de marketing empresarial, etc. etc.

2. Buscamos libros descatalogados de otras editoriales y los reeditamos en tiradas cortas a petición de un cliente.